IMPRIMERIE NATIONALE

MANUEL

À L'USAGE

DES ÉLÈVES COMPOSITEURS

PAR JULES JOUVIN

SOUS-PROTE

PARIS

IMPRIMERIE NATIONALE

M DCCC LXXXVII

MANUEL

DES ÉLÈVES COMPOSITEURS

IMPRIMERIE NATIONALE

MANUEL

À L'USAGE

DES ÉLÈVES COMPOSITEURS

PAR JULES JOUVIN

SOUS—PROTE

PARIS

IMPRIMERIE NATIONALE

M DCCC LXXXVII

En publiant ce Manuel à l'usage des élèves compositeurs, nous n'avons eu qu'un but : frapper leur esprit par la variété des exemples, éveiller leur goût par un aperçu progressif des combinaisons diverses de l'art typographique. Nous avons été sobre d'explications, nous nous sommes attaché à ne donner qu'en substance l'exposé des procédés pratiques de la typographie.

En typographie, comme dans tous les arts où le goût seul domine, il est difficile d'avoir des règles absolues. Tout dépend souvent de la façon dont l'auteur a ordonné son travail, de la disposition de sa copie, de la grandeur du format, du choix des caractères; mais il est des principes essentiels que l'élève est tenu de ne pas ignorer et que nous allons résumer brièvement. Il en trouvera le développement dans les diverses parties de ce Manuel.

La beauté d'un livre ne consiste pas seulement dans la qualité du papier ou la grâce du format. Le choix judicieux des caractères, l'habile gradation des titres, la régularité de l'espacement, la bonne disposition des opérations, l'exact ajustement des angles des tableaux, l'égale longueur des filets, en un mot l'harmonie générale de la composition, telles sont les qualités indispensables qui, au point de vue typographique, constituent un beau livre.

L'élève s'exercera à espacer très régulièrement en composant. Il aura soin également de ménager ses mouvements pour accélérer l'arrivée de la lettre dans le composteur : faire *vite* et *bien*, tel doit être son but; car il ne perdra pas de vue que, pour gagner un salaire convenable, il lui faudra distribuer et assembler chaque jour environ dix mille lettres, et que, plus ses mouvements seront réglés, plus son travail sera productif. C'est là un point sur lequel il sera nécessaire d'appeler son attention. La personne chargée d'instruire le débutant devra le surveiller scrupuleusement, et cela dès le premier jour; rectifier les positions vicieuses devant la casse et surtout les façons défectueuses de lever la lettre.

Il convient de faire remarquer ici à l'élève que son devoir ne consiste pas seulement à espacer régulièrement sa composition, mais à reproduire fidèlement la copie qu'il a sous les yeux. Que l'élève n'hésite donc pas à relire les lignes dans son composteur, afin de faire disparaître immédiatement les fautes qui auraient pu s'y introduire, car plus celles-ci seront nombreuses, plus il perdra de temps à les corriger. Si au contraire la composition est bien faite, c'est-à-dire exempte de coquilles, de lettres retournées, de bourdons et de doublons, tout le monde y gagnera : lui-même d'abord, quand il sera ouvrier, verra le gain de sa journée s'élever peu à peu, le correcteur lira mieux et plus rapidement, l'auteur n'aura pas à se préoccuper des fautes matérielles qui auraient pu se glisser dans son ouvrage; de là moins d'épreuves à fournir et conséquemment moins de frais.

Nous avons jugé utile de faire précéder notre Manuel des extraits du règlement de l'Imprimerie nationale qui concernent les élèves compositeurs : ceux-ci y trouveront nettement formulés les devoirs qui leur sont imposés et les avantages qui leur sont assurés.

L'élève n'oubliera pas qu'il appartient à un Établissement jouissant de quelque renom dans le monde et qu'il est de son devoir d'accroître ou tout au moins de maintenir cette réputation, si laborieusement acquise. Qu'il se montre donc zélé, attentif à son travail; qu'il saisisse avec empressement toutes les occasions qui lui seront offertes, à l'Imprimerie nationale ou au dehors, pour accroître ses connaissances premières; qu'il n'hésite pas à demander conseil aux compositeurs habiles qui l'entourent, car, en typographie, il est toujours bon d'en appeler à l'expérience des anciens. Il redressera aussi avec le plus grand soin toutes les défectuosités qui lui seront signalées; sa négligence sur ce point pourrait avoir les conséquences les plus déplorables : un livre, en effet, n'est pas imprimé à un seul exemplaire, mais à cent, à mille, à dix mille; certains modèles même sont tirés à plusieurs millions d'exemplaires, circulent dans les bureaux, dans le public, souvent sont affichés; voilà donc une ou plusieurs fautes, très grossières peut-être, qui se trouvent reproduites autant de fois, s'étalent sur les murs, rejaillissent sur l'Imprimerie, sur les chefs, les correcteurs, sur tous ceux enfin qui ont coopéré au travail.

Nous avons inséré dans ce volume nombre de modèles épars dans les ateliers de composition; nous n'avons eu que le mérite de les grouper. Dans tout le cours de notre travail, nous nous sommes appliqué à conserver scrupuleusement les traditions typographiques de l'Imprimerie.

EXTRAIT

DU RÈGLEMENT GÉNÉRAL DU 18 JUIN 1880.

ÉLÈVES COMPOSITEURS.

Art. 447. Les élèves compositeurs de l'Imprimerie nationale doivent obéissance et respect à leurs chefs et aux personnes chargées de leur instruction. Ils sont soumis aux règlements généraux et particuliers de police et de discipline de l'Établissement, et, lorsqu'ils sont rétribués, ils sont passibles des pénalités pécuniaires édictées par ces règlements; mais ces pénalités sont abaissées de moitié en leur faveur. Tous les élèves peuvent, en outre, être suspendus ou congédiés pour paresse, inexactitude, indocilité et pour tout autre fait grave. Les mêmes motifs peuvent également motiver l'ajournement pour un délai variant de quinze jours à deux mois des examens qu'ils sont appelés à subir ou de leur passage d'une classe à la classe supérieure.

Art. 448. Les absences non autorisées et les absences pour cause de maladie lorsque la maladie aura, en une ou plusieurs fois, duré plus d'un mois dans l'année, pourront être déduites du temps écoulé depuis l'admission, dans le calcul des délais pour l'admission aux examens de fin d'année ou pour l'élévation des salaires.

Art. 449. Nul élève n'est reçu autrement qu'à l'essai, et, sauf les cas de maladies constatées, cet essai ne peut pas être poussé au delà de deux mois. Si, à l'expiration de ce délai, l'élève ne donne pas de suffisantes espérances d'avenir, le Chef de service propose son renvoi.

Art. 450. Sans contracter vis-à-vis des élèves l'obligation de les employer au moment où ils auront achevé leur apprentissage, l'Imprimerie nationale s'efforce de les conserver.

. . . .

ART. 453. Les élèves compositeurs sont admis par voie de concours ouvert entre les candidats inscrits à la Direction et âgés, au jour du concours, de treize ans au moins et de seize ans au plus.

Les demandes d'inscription doivent être accompagnées :

1° D'un extrait de l'acte de naissance du candidat ;

2° Des pièces officielles constatant l'instruction que le candidat peut avoir reçue, ou, tout au moins, d'un certificat d'instruction primaire élémentaire.

ART. 454. Les concours ont lieu devant une commission présidée par le Sous-Directeur et composée du Chef du service des Travaux typographiques et d'un nombre suffisant de correcteurs, désignés par l'arrêté qui prescrit l'ouverture du concours.

ART. 455. Le programme du concours comprend :

1° Une dictée d'une durée de demi-heure, présentant quelques-unes des principales difficultés grammaticales ;

2° Deux opérations d'arithmétique et une question se rapportant au système métrique ;

3° La lecture courante et à haute voix d'un texte imprimé et d'un manuscrit difficile.

Les candidats peuvent demander à justifier des connaissances supérieures ou étrangères au programme qu'ils se trouveraient posséder.

ART. 456. Après la dictée, il est accordé un quart d'heure aux concurrents pour la revision et la remise de leur copie. Une demi-heure leur est ensuite laissée pour la solution des opérations d'arithmétique et de la question se rapportant au système métrique.

ART. 457. Il est procédé séance tenante à l'examen des copies et au classement des candidats par ordre de mérite. Le jury tient aux concurrents tel compte qu'il y a lieu de leurs connaissances sur les matières étrangères au concours. Ses déclarations d'admissibilité peuvent être aussi étendues que les résultats du concours lui paraîtront le motiver.

ART. 458. La liste des candidats admissibles est proclamée dès que le jury a arrêté et signé le procès-verbal de ses opérations. Les concurrents ajournés sont invités à retirer les pièces produites à l'appui de leur demande et informés qu'ils peuvent maintenir leur candidature en vue des nouveaux concours qui viendraient à s'ouvrir avant qu'ils n'eussent atteint la limite d'âge.

ART. 459. L'appel des élèves déclarés admissibles est prononcé par le Directeur, au fur et à mesure des besoins du service et dans l'ordre suivant :

1° Les enfants des employés ou ouvriers de l'Imprimerie nationale, dans l'ordre qu'ils occupent sur les titres d'admissibilité ;

2° Les candidats de l'extérieur, en suivant le même ordre.

ART. 460. La durée de l'apprentissage des élèves compositeurs est de quatre années.

ART. 461. Pendant la durée totale de l'apprentissage et sauf les réserves ci-après stipulées, les élèves compositeurs sont réunis en bancs d'instruction, sous la direction d'un ou de plusieurs ouvriers spécialement désignés pour les former à l'art typographique. Ces bancs d'instruction sont attachés de préférence à l'exécution des impressions intérieures ou du fonds propre de l'Établissement et de tous autres travaux qu'il peut paraître utile dans l'intérêt de l'enseignement des élèves.

ART. 462. Les élèves de première et de seconde année sont, par séries déterminées :

1° Instruits dans la profession typographique ;

2° Affectés à la tenue de la copie chez les lecteurs d'épreuves, ou attachés, s'il y a lieu, au triage des pâtés et à la distribution des sortes triées.

ART. 463. Les élèves de troisième année ne sont distraits des bancs d'instruction que pour le triage des pâtés et la distribution des sortes, et ils ne peuvent être occupés à ce travail au delà d'un jour par semaine. Ils passent, à tour de rôle et par quinzaine, dans l'atelier des caractères d'écriture pour se mettre au courant des travaux spéciaux de cet atelier.

ART. 464. Les élèves de quatrième année ne sont jamais distraits des bancs d'instruction.

ART. 465. Nonobstant les dispositions des deux articles précédents, la tenue de la copie pour les lectures nécessaires la nuit et les dimanches ou jours de fête est répartie entre tous les élèves âgés de plus de seize ans, quelle que soit l'année à laquelle ils appartiennent.

Art. 466. A l'expiration de chaque année, les élèves de la composition administrative subissent un examen portant sur les matières ci-après spécifiées :

1re année... Composition et distribution des caractères.

2e année. { Composition et distribution ; correction des formes ; imposition depuis l'in-folio jusqu'à l'in-octavo ; coupures des titres ; têtes ; manchettes en style lapidaire.

3e année. { Reprise des matières formant l'objet de l'examen précédent ; imposition dans tous les formats usuels ; répartition des blancs dans une garniture ; composition des caractères d'écriture ; composition des ouvrages à filets et combinaison de tous les corps entre eux.

4e année. { Reprise de l'examen précédent ; composition et imposition d'une feuille donnée de texte et de tableaux.

Art. 467. Cet examen a lieu devant une commission présidée par le Chef du service des Travaux typographiques et comprenant deux correcteurs et un chef d'atelier désignés par le Directeur.

Art. 468. Le Chef du service des Travaux typographiques provoque la formation de cette commission en temps utile pour que l'examen de l'élève puisse avoir lieu quelques jours avant l'expiration de l'année d'apprentissage.

Le procès-verbal de l'examen est envoyé au Directeur.

Art. 469. Le Directeur, s'il y a lieu, autorise le passage du candidat à l'année suivante de l'apprentissage ; s'il s'agit d'un élève ayant achevé sa quatrième année, il autorise son maintien dans l'Établissement en qualité d'ouvrier compositeur, ou, si les circonstances ne le permettent pas, il lui délivre un certificat constatant qu'il a accompli son apprentissage.

Art. 470. Les élèves auxquels le résultat d'un examen de fin d'année n'est point favorable peuvent être renvoyés.

Dans aucun cas, ils ne sont autorisés à passer un nouvel examen qu'après un délai minimum de trois mois, et, au cas d'un nouvel insuccès, ils sont congédiés.

Art. 471. Les élèves compositeurs ne reçoivent aucune rétribution pendant la première année. Pendant les années suivantes, ils reçoivent une rétribution ainsi fixée :

$$
\text{Pendant}
\begin{cases}
\text{la 2}^\text{e}\text{ année} \dots\dots\dots\dots\dots\dots\dots\dots & 1^\text{f}\ 00^\text{c}\text{ par jour.}\\
\text{la 3}^\text{e}\text{ année} \dots\dots\dots\dots\dots\dots\dots\dots & 1\ 50\\
\text{la 4}^\text{e}\text{ année} \dots\dots\dots\dots\dots\dots\dots\dots & 2\ 00
\end{cases}
$$

La rétribution de la quatrième année pourra être, exceptionnellement, élevée de 50 centimes, en faveur des élèves qui se distingueraient par leur zèle et par leur aptitude au travail.

Art. 472. Les élèves de la typographie orientale sont choisis parmi les apprentis de la typographie française qui ont accompli leur première année d'apprentissage.

Art. 473. Des leçons particulières sont données, aux frais de l'Établissement, aux élèves de la typographie orientale pour la connaissance des signes alphabétiques des langues orientales et pour leur lecture sur l'impression et sur le manuscrit.

Art. 474. Le cours de lecture des élèves commence par le grec, l'hébreu, le syriaque et l'arabe.

A mesure que les élèves se sont fortifiés dans la connaissance des signes de ces langues, ils passent à ceux des langues arménienne et tartare-mandchoue et des autres langues orientales dont les types existent à l'Imprimerie nationale.

Ceux des élèves qui auraient montré le plus d'aptitude peuvent être autorisés à suivre les cours du Collège de France ou ceux de l'École des langues orientales vivantes.

Le professeur désigne successivement au chef de l'atelier oriental ceux des élèves qui sont assez instruits pour commencer à étudier les diverses casses et à s'exercer sur le plomb.

Le chef de l'atelier oriental est chargé spécialement de surveiller cette partie de l'instruction des élèves.

Aʀᴛ. 475. Les élèves de la typographie orientale passent, à la fin de chacune des trois années de l'enseignement spécial, un examen roulant sur les matières ci-après :

1ʳᵉ année. ⎰ Connaissance des caractères et signes imprimés des langues grecque, syriaque, hébraïque, arabe, tartare-mandchoue et arménienne.

2ᵉ année. ⎰ Lecture des caractères et signes manuscrits des langues orientales; composition et distribution de l'arabe.

3ᵉ année. ⎰ Composition et distribution des caractères des diverses langues orientales.
Examen sur les rapports des caractères en langue orientale avec les caractères latins et sur toutes les parties de la composition et de l'imposition.

Aʀᴛ. 476. La rétribution des élèves de la typographie orientale est ainsi fixée :

2ᵉ année d'apprentissage ou 1ʳᵉ année de présence à la
typographie orientale . . . . 1ᶠ 50ᶜ par jour.

3ᵉ année d'apprentissage ou 2ᵉ année de présence à la
typographie orientale 2 00

4ᵉ année d'apprentissage ou 3ᵉ année de présence à la
typographie orientale 2 50

La rétribution de la dernière année peut être, exceptionnellement, élevée à 3 francs, pour ceux des élèves qui se sont particulièrement distingués par leur zèle et par leur aptitude au travail.

Aʀᴛ. 477. Les élèves de la typographie orientale sont soumis à toutes les règles de travail et de discipline concernant les élèves compositeurs.

. . . .

Aʀᴛ. 495. Les ouvriers chargés de l'instruction professionnelle des élèves doivent traiter ceux-ci avec douceur et ménagement, et leur enseigner toutes les parties de leur profession. Il leur est interdit de châtier leurs élèves et de leur infliger directement aucune punition. Si les remontrances qu'ils ont à leur adresser ne sont pas suffisamment efficaces, ils font leur rapport au chef d'atelier, qui en saisit le Chef du service.

. . . .

MANUEL

À L'USAGE

DES ÉLÈVES COMPOSITEURS.

CHAPITRE PREMIER.

ÉTUDE DE LA CASSE. — COMPOSITION. — DISTRIBUTION.
CORRECTION. — IMPOSITION.

ÉTUDE DE LA CASSE [1].

Dès son arrivée à l'atelier, l'élève compositeur doit apprendre la classification de la casse ordinaire, laquelle est composée de deux parties; l'ouvrier chargé de l'instruction professionnelle des élèves le conduit, à cet effet, devant une casse contenant des gros caractères et lui donne un modèle de casse imprimé, qu'il étudiera dans l'ordre suivant : les lettres minuscules, les chiffres, les différents signes de ponctuation, les lettres accentuées, les doubles lettres (ff, fi, ffi, fl, ffl), les grandes et les petites capitales (majuscules), et enfin les divers autres signes.

Quand on s'est assuré que l'élève connaît très bien la casse, on lui apprend à se servir du composteur pour assembler les lettres, après lui avoir fait remarquer que la petite entaille (appelée *cran*) faite à chaque lettre sert à indiquer le sens dans lequel elle doit être mise dans le composteur; l'élève assemble d'abord *cran dessous* les lettres minuscules présentant certaines particularités d'aspect : b, d, p, q, n, u, et les chiffres 6 et 9; on lui fait observer que

---

[1] Pour l'explication de tous les mots techniques, se reporter au vocabulaire placé à la fin du Manuel.

IMPRIMERIE NATIONALE.

le **b** semble figurer un **p**, le **d** un **q**, le **p** un **b**, le **q** un **d**, l'**n** un **u**, l'**u** un **n**, le **6** un **9**, le **9** un **6**. Après avoir mélangé ces lettres, on les donne une à une à l'élève, afin de voir s'il est capable de les reconnaître.

MODÈLE DE CASSE EN DEUX PARTIES.

Deuxième partie.

A	B	C	D	E	F	G	A	B	C	D	E	F	G
H	I	K	L	·M	N	O	H	I	K	L	M	N	O
P	Q	Ŕ	S	T	V	X	P	Q	R	S	T	V	X
â	ê	î	ô	û	Y	Z	J	U	Æ	æ	OE	œ	W	w	Y	Z
É	É	1 2 3 4 5 6 7 8 9 0 GROS CHIFFRES.		ffl	Ê	Â	Ê	Î	Ô	Û	Ç	ç	Ë	Ï	Ü	!
à	è	ì	ò	ù	;		fl	È	À	È	Ù	/	$	[]	?
J	U	c e f n o r s t LETTRES SUPÉRIEURES.		ff	Ë	ä	ë	ï	ö	ü	' pet. cap.	#	()	«	»

Première partie.

j	ç	é	-	'	1	2	3	4	5	6	7	8
—	b	c	d	e	s	Esp. moyennes.	f	g	h	9	o
				:							æ	œ
z									ffi	w	k	Demi-cadratins.
—	l	m	n	i	o	p	q		fi	Esp. fines.	:	Cadratins.
ÿ												
x	v	u	t	Espaces fortes.	a	r		.	,	Cadrats.

L'élève compose ensuite quelques mots; on lui fait alors remarquer que les espaces servant à séparer les mots, pour ne pas apparaître à l'impression, sont moins hautes que les lettres. Après avoir lu sa composition, il doit replacer les lettres dans leurs cassetins respectifs et recommencer plusieurs fois ce petit travail préliminaire.

Il est essentiel de faire remarquer à l'élève que les gros chiffres ont un cran au dos, outre les crans ordinaires du corps et de la gravure, lequel permet de ne pas les confondre avec les petits chiffres; il en est de même pour les petites capitales o, s, v, x, z et w, qu'il serait sans cela très difficile de distinguer des lettres minuscules.

L'élève étudiera ensuite la casse en une partie :

A	B	C	D	E	F	G	o	e	r	s	t	i	m	i	ë	ï	ü
H	I	K	L	M	N	O	É		Ë		Ê		Æ		Œ	W	Ç
P	Q	R	S	T	V	X	ffi	fl	â		ê	î		ô	û		!
«	»	()	U	J	#	Y	Z	ff		à	è		ù	§	[]		?

j	ç	é	–		'		1	2	3	4	5	6	7	8
—	b	c	d		e		s		Esp. moyennes.	f	g	h	9	o
													æ	œ
z										ffi	w	k	Demi-cadra-tins.
y	l	m	n	i		o		p	q	fi	Esp. fines.	: ;	Ca-dra-tins.
x	v	u	t	Espaces fortes.		a		r		.	,		Cadrats.

COMPOSITION.

La composition est l'arrangement des caractères pour en former des mots, des lignes et des pages.

1.

Une attention soutenue est indispensable, si l'on veut obtenir une composition correcte; la moindre distraction peut en effet occasionner des bourdons, des doublons ou autres erreurs typographiques.

Pour justifier un composteur, on prend plusieurs interlignes, en ayant soin de laisser un peu de jeu, afin qu'elles puissent y entrer facilement et en sortir de même. Un composteur ne doit jamais être justifié avec une seule interligne, celle-ci pouvant ne pas être de longueur rigoureusement exacte.

Il est nécessaire de s'attacher, dès le commencement de l'apprentissage, à bien lever la lettre, en évitant tout faux mouvement soit de corps, soit de bras.

On prend la lettre par la tête, du côté du cran, puis on la place posément dans le composteur, sans la retourner plusieurs fois entre les doigts.

Il est important de s'habituer à retenir plusieurs mots en composant.

Avant de justifier une ligne, on y jette un coup d'œil rapide, afin de corriger les fautes qui auraient pu s'y glisser; on redresse ensuite, s'il y a lieu, les lettres couchées, et l'on s'assure que le pied desdites lettres touche bien le fond du composteur.

Lorsqu'il y a lieu de modifier une ligne justifiée, on commence par en enlever la dernière lettre, et on ne la replace que lorsque les corrections ont été effectuées.

De même, on ne doit jamais introduire une espace fine dans une ligne sans en avoir préalablement retiré la dernière lettre : cette espace pourrait se briser et blesser le pouce.

Les lignes d'une même page doivent être justifiées également, et cela pour les raisons suivantes :

1° Une ligne justifiée plus fort que les autres se lève inévitablement lorsqu'on serre la forme, *foule* plus que celles qui précèdent ou qui suivent et nuit à la régularité de l'impression;

2° Au contraire, les lettres d'une ligne justifiée faiblement se couchent et ne s'impriment qu'imparfaitement; de plus, quand on lève la forme pour la porter à la presse, des lettres et même des lignes entières peuvent tomber.

Avoir soin, avant de lier une page ou un paquet, de bien redresser les lignes, lesquelles ont toujours une tendance à pencher du côté de la tête.

Il est expressément recommandé de ne pas faire la boucle de la ficelle avec une interligne; on doit se servir, à cet effet, d'une pointe. L'interligne, en raison de sa flexibilité, peut se tordre ou se briser.

Après avoir lié une page, on s'assure que la ficelle est bien au milieu de la hauteur des lettres; si elle était placée ou trop haut ou trop bas, la page perdrait de sa solidité et risquerait d'être mise en pâte quand on voudrait la lever pour la déposer sur un porte-page ou sur le marbre.

Quand on compose du caractère neuf ou du petit caractère, il est bon de mettre une interligne au-dessus de chaque ligne avant de mettre la dernière lettre, car cette ligne, étant très élastique, pourrait sauter lorsqu'on la justifierait.

Il est recommandé de n'employer dans la composition que des interlignes d'une seule pièce. Cependant s'il arrivait que, faute d'interlignes d'un seul morceau, on fût obligé d'en mettre deux bout à bout, il faudrait, dans ce cas, pour donner de la solidité à la composition, employer des interlignes de longueur inégale et les croiser à chaque ligne.

Quand on compose *plein*, c'est-à-dire non interligné, on doit se servir d'un filet légèrement créné des deux bouts, appelé *lève-ligne*, que l'on déplace à chaque ligne pour faciliter le glissement de la lettre dans le composteur. Il faut avoir soin, dans ce cas, de placer une interligne en tête et en pied de chaque paquet, ce qui permet de lier plus solidement.

Dans les lignes qui contiennent des cadrats, il est nécessaire de mettre les espaces près de la dernière lettre et non entre les cadrats, car, en distribuant, on pourrait, si l'on n'y prenait garde, mettre le tout dans le même cassetin.

ESPACEMENT.

Pour obtenir une bonne composition, il faut espacer régulièrement tous les mots d'une ligne, en prenant le soin de mettre un peu moins d'espace avant et après les lettres qui portent du blanc.

On met l'espace fine : 1° devant la *virgule*, excepté quand celle-ci se trouve après les lettres r, v, y, T, V, F, Y, et les chiffres 1 et 7 ; 2° devant le *point-virgule*, le *point d'interrogation* et le *point d'exclamation*; 3° avant le premier et après le dernier des mots renfermés dans des *parenthèses* ou dans des *crochets*, sauf pour le chiffre 1, qui porte du blanc de chaque côté.

Dans les titres espacés à 1 point, on ne met pas d'espace fine entre les lettres AT, AV, AY, FA, LT, LV, LY, PA, WA et L'A [1].

Le *point*, l'*apostrophe* [2], la *division* [3], le *guillemet*, la *barre transversale* et les *lettres supérieures* doivent être collés aux lettres; il en est de même pour les parenthèses de renvois de notes.

Le *deux-points*, le *moins* et le *paragraphe* sont toujours mis au milieu du blanc qui sépare les deux mots.

Dans le texte, on place une espace moyenne devant l'*astérisque* et les chiffres supérieurs servant de renvois de notes; dans les notes, ces renvois doivent toujours être suivis d'un demi-cadratin.

Mettre un demi-cadratin après 1°, 2°, etc., et les chiffres suivis d'un point, placés au commencement d'un alinéa.

Dans les justifications moyennes et au-dessus, on ne doit pas terminer un alinéa par un demi-cadratin.

Les doubles lettres abréviatives doivent être collées : MM., LL. MM., LL. AA.

Quand un *i* vient après un *f* romain (fi) ou italique (*fi*), on met une espace fine entre les deux lettres, parce que le *f*, étant

---

[1] Excepté les grandes capitales de 6 points, à cause de leur approche serrée.

[2] L'apostrophe *petite capitale* ne s'emploie que dans une ligne *entièrement* composée en petites capitales.

[3] Il n'est toléré que trois divisions de suite au bout des lignes.

créné, porterait sur l'accent, et les deux lettres pourraient se
casser. Faire de même pour le f suivi d'une prime (f') ou d'un
chiffre supérieur (f^2).

Un espacement trop large produit quelquefois dans la composition des *rues,* raies blanches presque droites, occasionnées par
la rencontre de plusieurs mots de même longueur, placés les uns
au-dessous des autres :

> bération du Bureau du dernier jour qui le concerne, se
> raportant néantmoins à ce que le Bureau ordonneroit, et
> ayant demandé à ce que la sonde de ceux qui désirent se
> faire tailler à l'Hôtel Dieu se fasse comme elle a esté en
> sa maison, attendu que cela importe beaucoup pour sa

> dits pensemens. — Tous lesquels chirurgiens receus,
> tant compagnons qu'externes et pensionnaires, donne-
> ront, auparavant que commencer à travailler, à chacun
> des deux maîtres, deux lancettes neuves, et une à chacun
> des douze compagnons, et ce, au lieu et place de cer-

ou bien des *lézardes,* raies blanches sinueuses, produites par la
rencontre fortuite d'espaces mises les unes sous les autres :

> quel ils exposent qu'en considération des services de
> leur père, la Compagnie, par délibération du 3o avril
> 1782, a prié Monseigneur l'Archevêque de mettre sous
> les yeux du Roi les faits détaillés en ladite délibération
> et de supplier Sa Majesté de lui décerner une marque
> d'honneur à titre de récompense de ces services. Mais
> que leurdit père ayant été prévenu par la mort, il n'a

> ront averties lorsqu'elles se présenteront pour leur en-
> trée à l'Hôtel Dieu et si néanmoins il étoit reconnu que
> quelques-unes d'elles se fût introduite dans l'état de
> grossesse, elle sera congédiée sur-le-champ sans espé-
> rance de venir après ses couches achever le tems de son
> apprentissage et l'Administration lui fera rembourser la

ou encore des lignes dites *à voleur :*

> rable, quel acte Virûpa avait-il fait pour être laid, re-
> poussant, remarquable par dix difformités, et pour
> que, après son initiation, Arabat se manifestât pour
> lui.

On remédie à ces malfaçons en remaniant quelques lignes.

DISTRIBUTION.

La distribution est l'action de replacer dans leurs cassetins les différentes lettres ayant servi à une composition. Cette opération doit être faite avec le plus grand soin, car elle contribue beaucoup à produire une composition correcte.

Avant de délier un paquet de distribution, il est important de vérifier le corps et la gravure, afin d'éviter des erreurs, c'est-à-dire un mélange de caractères pouvant occasionner une perte de temps considérable. A cet effet, l'élève compositeur étudiera attentivement le tableau suivant :

TABLEAU INDIQUANT LES CRANS DES DIFFÉRENTS CARACTÈRES.

CORPS.	CARACTÈRES.		
	NOUVELLE GRAVURE.	ANCIENNE GRAVURE.	BULLETIN.
Quatre......	....	1 cran.	
Cinq........	....	1 cran.............	2 crans bas.
Six.........	1 cran..........	2 crans bas	1 cran haut, 1 cran bas.
Sept........	2 crans bas	1 cran.............	1 cran haut, 1 cran bas.
Huit........	1 cran..........	1 cran haut, 1 cran bas.	2 crans bas.
Neuf........	1 cran..........	2 crans bas	1 cran haut, 1 cran bas.
Dix........	1 cran..........	1 cran haut, 1 cran bas.	2 crans bas.
Onze	1 cran..........	2 crans bas	1 cran haut, 1 cran bas.
Douze.......	1 cran..........	1 cran haut, 1 cran bas.	2 crans bas.
Treize......	1 cran..........	2 crans bas.	
Quatorze.....	1 cran..........	1 cran haut, 1 cran bas.	
Seize	1 cran..........	2 crans bas.	
Dix-huit.....	1 cran..........	2 crans bas.	
Vingt.......	1 cran..........	2 crans bas.	
Vingt-quatre..	1 cran..........	2 crans bas.	
Algèbre	2 crans bas	1 cran.	

La casse dans laquelle on distribue devant toujours être très propre, il est nécessaire d'enlever préalablement tout ce qui est étranger au caractère.

Il vaut mieux survider quelques sortes que d'avoir une casse *bardeaude*.

Pour distribuer avec célérité, il ne faut pas prendre de trop fortes poignées, car elles gênent les mouvements et fatiguent la main gauche, qui doit être inclinée légèrement, afin de permettre de lire les mots en même temps que la main droite les saisit.

Prendre les lettres avec le pouce et l'index pour les replacer dans leurs cassetins, en se servant du médius pour les détacher et les faire couler facilement.

Placer doucement les lettres dans les cassetins sans les projeter ; en les lançant avec trop de force, on pourrait non seulement faire des coquilles, mais détériorer l'œil.

Répartir avec le plus grand soin les espaces dans leurs cassetins, ce qui contribue à la justification rapide des lignes.

Quand la lettre est collée et ne se détache pas facilement, on doit la choquer *légèrement* contre un bloc de plomb et non contre le marbre ; on risquerait, surtout dans la distribution des petits caractères, d'écraser ou d'élargir le pied de la lettre, ce qui nécessiterait son renvoi à la fonte.

Se servir d'un casseau composé de petites boîtes mobiles, si la distribution comprend des chiffres en grand nombre.

Ranger immédiatement l'italique et tout ce qui est étranger à la casse.

Il est absolument interdit de soulever les lettres dans les cassetins avec la pointe ou les pinces ; on doit relever la casse afin de garantir le caractère de tout contact nuisible.

CORRECTION.

La correction est l'opération qui consiste à exécuter avec soin les changements indiqués sur l'épreuve par le correcteur ou par l'auteur.

Toute correction doit être scrupuleusement exécutée.

Il serait préférable de se servir de la pointe pour corriger, car très souvent les pinces endommagent les lettres par suite du brusque rapprochement de leurs branches.

Chaque fois que l'on exécute une correction entraînant une modification dans l'espacement, rectifier ce dernier avec soin.

Quand les corrections sont de nature à rendre la ligne trop serrée ou trop large, on doit remanier au composteur, afin d'obtenir un espacement uniforme.

On corrige de deux manières : en galée et sur le marbre.

CORRECTION EN GALÉE.

Après avoir posé le paquet sur la galée, le délier et mettre un lingot pour le maintenir; frapper ensuite légèrement de la main droite sur le paquet afin de redresser les lignes et de faire descendre les espaces qui pourraient être remontées, tout en le soutenant de la main gauche pour empêcher son écartement.

Quand on s'est assuré que toutes les corrections sont faites et que toutes les lignes sont bien justifiées, lier le paquet et le placer sur un porte-page ou sur le marbre.

Lorsqu'on fait faire épreuve en paquet, il faut avoir soin de prendre des porte-page de même épaisseur, afin d'obtenir une bonne impression.

CORRECTION SUR LE MARBRE.

Nettoyer le marbre avec un chiffon avant d'y placer une forme.

Quand on lève une forme pour la mettre sur le marbre, éviter de trop écarter les jambes, car on pourrait se blesser.

Se servir d'un décognoir pour desserrer les formes, ce qui empêche d'endommager non seulement les coins et les biseaux, mais aussi les lingots et le bord des pages.

Pour éviter l'écartement horizontal des lettres placées au bord des pages, commencer à chasser les coins de pied avant ceux de côté, en passant du plus faible au plus fort; lorsqu'il y a deux coins réunis, desserrer d'abord celui qui est près du châssis.

Donner un peu de jeu aux coins, de manière que les lettres puissent être enlevées facilement.

Lever les corrections dans un composteur de bois, que l'on place devant soi sur le marbre.

Mettre des espaces et des blancs assortis dans une petite boîte à compartiments et non sur un porte-page.

Ne pas éparpiller sur les pages, sur le châssis ou sur le marbre les lettres extraites de la correction; les placer de suite dans le composteur de bois.

Lorsqu'il y a plusieurs corrections à exécuter dans une ligne, il ne faut pas enlever les lettres avec les pinces, mais élever cette ligne par ses extrémités, abaisser la partie bonne de la main droite, tandis que la main gauche soutient le restant, ce qui permet de prendre facilement la lettre à changer, que l'on remplace immédiatement.

Si la correction n'a lieu que dans un mot, on élève ce dernier en plaçant d'un côté les pinces et de l'autre le doigt dans le blanc laissé par l'espace.

Pour vérifier la régularité de la justification, opérer un mouvement de pression vers le blanc de fond et non vers le biseau.

Quand les épreuves sont surchargées et occasionnent des remaniements, on doit mettre la partie à remanier sur une galée et repasser les lignes au composteur.

Pour toute correction à faire près d'un *f* ou d'un *j* italique ou romain, il est nécessaire d'enlever le mot entier; on briserait sans cela l'extrémité de ces lettres.

Reviser attentivement toutes les corrections et bien redresser les pages; placer les coins et taquer légèrement avec le manche du marteau avant de serrer la forme.

Ne jamais serrer trop fort, car on risquerait de faire lever le châssis ou tourner les pages; on serre légèrement, on abat les coins qu'on pousse ensuite avec le décognoir.

Se servir d'une roulette pour porter les formes à la presse, en ayant soin de mettre l'œil en dedans.

SIGNES TYPOGRAPHIQUES

EMPLOYÉS

POUR LA CORRECTION DES ÉPREUVES.

TEXTE À CORRIGER.

Lettres et mots à changer.	L'invention de l'imprimerie n'est pas aussi moderne *n/ m/ u/*
	qu'on le dit communément. A la Chine, l'impression *croit H*
Lettres gâtées	tabellaire est en usage depuis plus de 1600 ans; les *a/ r/ o/ pl.H*
Lettres et mots à mettre en romain ou en italique.	Grecs et les Romains connaissaient les siglès ou types *on.H g/ es.H*
	mobiles; et les livres d'images, qui parurent au com- *ital./ rom./*
Lettre supérieure	mencement du xv siècle, servirent de modèles aux *e/*
Lettres à ajouter.	essais tentés par Gutenberg, à Mayence, en 1450, sur des *o/ t/ c/*
Lettres à supprimer	planches de bois fixes. Ces planches étant sujettes à se *3/ 3/*
Mot à supprimer	déjeter, cet homme industrieux, aidé de Fust, qu'il *3.H*
Lettres et mots à retourner.	s'associa à cet effet, imagina de les cliquer en métal; *3/ 3/ 3/ 3/*
	dont il fallait autant de planches qu'il y avait de pages *3H 3H*
	à imprimer; ce moyen lent et pénible, joint à l'impos- *∩/ ∩/*
Lettres, mots et lignes à transposer.	de corriger, sibilité leur suggéra l'idée de sculpter les *⌐/*
	encore à vaincre une grande difficulté, celle de donner
	lettres de l'alphabet sur des tiges mobiles. Il leur restait
Espacer	à ces tiges une parfaite égalité de corps et de hauteur, *#/ #/*
Rapprocher	capable de les maintenir sous les efforts de la presse; *[/ [/*
Lignes à remanier	ils ne purent y parvenir que par des moyens irréguliers,
	lorsque Schœffer trouva celui de les fondre dans des
	moules, ou matrices; et, par cette ingénieuse découver-
Lignes à réunir	te, donna enfin la vie à l'art typographique.
	Abandonné aux ébauches tabellaires de Guttenberg,
Correction d'accents ...... Blanc à augmenter.	l'art n'eût probablement pas été au delà; et, sous le *ú/ é/ à/*
Lignes à sortir et à rentrer.	rapport de la mobilité des types, bien connue avant */*
Blanc à diminuer	lui, nous ne lui devons presque rien, car elle ne lui *⊏/*
Ponctuation à changer. Alinéa.	permit de rien exécuter; l'existence de la typographie */[/ ℒ/*
Ligne à redresser	ne date donc véritablement que de la connaissance de
Lettres à nettoyer	la matrice-poinçon, puisque c'est par elle seule qu'on
Lettres et espaces hautes à abaisser.	multiplie à l'infini des types mobiles et parfaitement *u/ fi/ X/ X/*
Lettres d'un autre œil....	proportionnés; or le mérite de cette invention est en- *⌀/ ⌀/ ⌀/ ⌀/*
Grandes et petites capitales.	tièrement dû à p. Schœffer. *P/ℒ/ pet.cap./*
Mots oubliés (bourdon)...	*identiques, qu'on les rend*

IMPOSITION.

L'imposition est l'action de disposer les pages qui doivent composer une forme, de telle sorte qu'elles se trouvent dans l'ordre convenable sur la feuille imprimée et pliée [1].

L'imposition d'une feuille doit être faite avec autant de soin que de régularité.

Voici de quelle manière on exécute ce travail :

Après avoir déterminé les dimensions de la garniture, on va chercher les lingots nécessaires, en s'assurant qu'ils sont bien de même hauteur et de même longueur, tant pour les têtes que pour les fonds; on passe légèrement la lime sur ceux qui pourraient présenter quelques aspérités.

Avant de mettre les pages sur le marbre, on nettoie ce dernier avec un chiffon gras.

Après avoir disposé les pages dans leur ordre respectif, le bout d'arrêt de chaque ficelle ramené sur la tête des pages pour qu'il ne se trouve pas pris sous les lingots, on place le châssis, les crénures de la barre en dessus, de manière à permettre à l'imprimeur de placer les pointes ou ardillons des pointures.

On garnit ensuite en posant d'abord les blancs de barre et de fond, puis ceux de tête et les blancs extérieurs.

Les lingots qui sont placés près des barres horizontale et verticale du châssis doivent en être séparés par des filets baissés, afin d'éviter leur contact immédiat avec le fer, lequel est souvent mal dressé et peut nuire à leur régularité.

Dans le cas où l'on serait obligé de mettre des lingots en plusieurs morceaux, les prendre de grandeur différente et les croiser, pour donner de la solidité à la garniture. (Voir l'échelle des lingots aux pages suivantes.)

---

[1] On trouvera à la fin du Manuel les différents genres d'impositions.

ÉCHELLE DES LINGOTS.

Left pyramid (bold total at right of each row):

```
                                                                              128/128  256
                                                                      128/160 144/144  288
                                                              128/192 144/176 160/160  320
                                                      128/224 144/208 160/192 176/176  352
                                              128/256 144/240 160/224 176/208 192/192  384
                                      128/288 144/272 160/256 176/240 192/224 208/208  416
                              128/320 144/304 160/288 176/272 192/256 208/240 224/224  448
                      128/352 144/336 160/320 176/304 192/288 208/272 224/256 240/240  480
              128/384 144/368 160/352 176/336 192/320 208/304 224/288 240/272 256/256  512
      128/416 144/400 160/384 176/368 192/352 208/336 224/320 240/304 256/288 272/272  544
128/448 144/432 160/416 176/400 192/384 208/368 224/352 240/336 256/320 272/304 288/288  576
128/480 144/464 160/448 176/432 192/416 208/400 224/384 240/368 256/352 272/336 288/320 304/304  608
128/512 144/496 160/480 176/464 192/448 208/432 224/416 240/400 256/384 272/368 288/352 304/336 320/320  640
```

Right pyramid (bold total at left of each row):

```
272  128/144
304  128/176 144/160
336  128/208 144/192 160/176
368  128/240 144/224 160/208 176/192
400  128/272 144/256 160/240 176/224 192/208
432  128/304 144/288 160/272 176/256 192/240 208/224
464  128/336 144/320 160/304 176/288 192/272 208/256 224/240
496  128/368 144/352 160/336 176/320 192/304 208/288 224/272 240/256
528  128/400 144/384 160/368 176/352 192/336 208/320 224/304 240/288 256/272
560  128/432 144/416 160/400 176/384 192/368 208/352 224/336 240/320 256/304 272/288
592  128/464 144/448 160/432 176/416 192/400 208/384 224/368 240/352 256/336 272/320 288/304
624  128/496 144/480 160/464 176/448 192/432 208/416 224/400 240/384 256/368 272/352 288/336 304/320
656  128/528 144/512 160/496 176/480 192/464 208/448 224/432 240/416 256/400 272/384 288/368 304/352 320/336
```

14

Left pyramid (each cell shows top/bottom; right value is the sum):

```
144|528 160|512 176|496 192|480 208|464 224|448 240|432 256|416 272|400 288|384 304|368 320|352 336|336 } 672
        176|528 192|512 208|496 224|480 240|464 256|448 272|432 288|416 304|400 320|384 336|368 352|352 } 704
                208|528 224|512 240|496 256|480 272|464 288|448 304|432 320|416 336|400 352|384 368|368 } 736
                        240|528 256|512 272|496 288|480 304|464 320|448 336|432 352|416 368|400 384|384 } 768
                                272|528 288|512 304|496 320|480 336|464 352|448 368|432 384|416 400|400 } 800
                                        304|528 320|512 336|496 352|480 368|464 384|448 400|432 416|416 } 832
                                                336|528 352|512 368|496 384|480 400|464 416|448 432|432 } 864
                                                        368|528 384|512 400|496 416|480 432|464 448|448 } 896
                                                                400|528 416|512 432|496 448|480 464|464 } 928
                                                                        432|528 448|512 464|496 480|480 } 960
                                                                                464|528 480|512 496|496 } 992
                                                                                        496|528 512|512 } 1024
                                                                                                528|528 } 1056
```

Right pyramid (left value is the sum; each cell shows top/bottom):

```
688 { 160|528 176|512 192|496 208|480 224|464 240|448 256|432 272|416 288|400 304|384 320|368 336|352
720 { 192|528 208|512 224|496 240|480 256|464 272|448 288|432 304|416 320|400 336|384 352|368
752 { 224|528 240|512 256|496 272|480 288|464 304|448 320|432 336|416 352|400 368|384
784 { 256|528 272|512 288|496 304|480 320|464 336|448 352|432 368|416 384|400
816 { 288|528 304|512 320|496 336|480 352|464 368|448 384|432 400|416
848 { 320|528 336|512 352|496 368|480 384|464 400|448 416|432
880 { 352|528 368|512 384|496 400|480 416|464 432|448
912 { 384|528 400|512 416|496 432|480 448|464
944 { 416|528 432|512 448|496 464|480
976 { 448|528 464|512 480|496
1008 { 480|528 496|512
1040 { 512|528
     {
```

CORPS SUR LESQUELS SONT FONDUS LES LINGOTS.

| 12 | 16 | 20 | 24 | 28 | 32 | 40 | 48 | 56 | 64 | 72 | 80 | 96 | 112 |

Les lingots, à partir de 4o points, ont plusieurs encoches destinées à recevoir des bouchons lors de l'impression [1]; on a soin de mettre la partie la plus large de ces bouchons en dessous, afin qu'ils soient bien maintenus.

Les blancs de tête doivent être, autant qu'il est possible, de la largeur exacte des pages; tous les autres blancs devront déborder, pour que les pages soient bien encadrées. Dans les travaux imprimés sous deux formats différents, il faut, en imposant, mettre immédiatement le blanc supplémentaire dans les blancs extérieurs, afin de ne pas être obligé de changer la garniture.

S'assurer, en plaçant les biseaux, qu'ils ne portent pas l'un sur l'autre, autrement il serait impossible de bien serrer, et, au desserrage, on risquerait de les briser.

Délier les pages de la main droite, en commençant par celles qui sont près de la barre, pendant que la main gauche les garantit de l'écartement. Pousser les pages vers la barre avec le grand biseau, puis vers les têtes avec le petit. Redresser les pages et mettre les coins en les serrant fortement avec la main, sans les abaisser.

A l'aide d'une perle ou d'un blanc très exact, voir si la garniture est bien conforme aux dimensions arrêtées.

Pour que les imprimeurs puissent faire leur registre très exactement, il est indispensable que les garnitures des deux formes d'une même feuille soient parfaitement identiques.

Taquer légèrement avec le manche du marteau.

Sonder la forme en la tirant un peu à soi et la soulever plusieurs fois afin de s'assurer qu'aucune lettre ne peut tomber.

Pour serrer définitivement une forme, on abaisse les coins en chassant d'abord le plus petit de chaque côté, puis alternativement tous les autres; on les pousse ensuite avec le décognoir.

---

[1] Ces bouchons font l'office de supports et servent à obtenir une pression régulière sur toute la forme et à garantir les extrémités des lignes d'un foulage trop fort.

CHAPITRE II.

TABLEAU DES CARACTÈRES ROMAINS ET ITALIQUES EMPLOYÉS PAR L'IMPRIMERIE NATIONALE DEPUIS SA FONDATION (1640) JUSQU'À NOS JOURS. — TABLEAUX COMPARATIFS DES CARACTÈRES ROMAINS ET ITALIQUES (ANCIENNE ET NOUVELLE GRAVURE). — TABLEAU INDIQUANT LE NOMBRE DE LIGNES QUE CONTIENNENT LES CORPS 8 À 13 NON INTERLIGNÉS. — TABLEAU INDIQUANT LE NOMBRE DE LIGNES QUE CONTIENNENT LES CORPS 8 À 13 INTERLIGNÉS À 2 POINTS. — CHIFFRES SUPÉRIEURS. — CHIFFRES DE FRACTIONS. — SIGNES EMPLOYÉS DANS LA COMPOSITION.

TABLEAU DES CARACTÈRES ROMAINS ET ITALIQUES EMPLOYÉS PAR

GARAMOND. 1640 [1].				GRANDJEAN ET ALEXANDRE. 1693 [2].				LUCE. 1740 [3].				FIRMIN DIDOT. 1811 [4].			
ROMAIN.		ITALIQUE.		ROMAIN.		ITALIQUE.		ROMAIN.		ITALIQUE.		ROMAIN.		ITALIQUE.	
A	a	*A*	*a*	A	a	*A*	*a*	A	a	*A*	*a*	A	a	*A*	*a*
B	b	*B*	*b*	B	b	*B*	*b*	B	b	*B*	*b*	B	b	*B*	*b*
C	c	*C*	*c*	C	c	*C*	*c*	C	c	*C*	*c*	C	c	*C*	*c*
D	d	*D*	*d*	D	d	*D*	*d*	D	d	*D*	*d*	D	d	*D*	*d*
E	e	*E*	*e*	E	e	*E*	*e*	E	e	*E*	*e*	E	e	*E*	*e*
F	f	*F*	*f*	F	f	*F*	*f*	F	f	*F*	*f*	F	f	*F*	*f*
G	g	*G*	*g*	G	g	*G*	*g*	G	g	*G*	*g*	G	g	*G*	*g*
H	h	*H*	*h*	H	h	*H*	*h*	H	h	*H*	*h*	H	h	*H*	*h*
I	i	*I*	*i*	I	i	*I*	*i*	I	i	*I*	*i*	I	i	*I*	*i*
"	j	"	*j*	J	j	*J*	*j*	J	j	*J*	*j*	J	j	*J*	*j*
K	k	*K*	*k*	K	k	*K*	*k*	K	k	*K*	*k*	K	k	*K*	*k*
L	l	*L*	*l*	L	l	*L*	*l*	L	l	*L*	*l*	L	l	*L*	*l*
M	m	*M*	*m*	M	m	*M*	*m*	M	m	*M*	*m*	M	m	*M*	*m*
N	n	*N*	*n*	N	n	*N*	*n*	N	n	*N*	*n*	N	n	*N*	*n*
O	o	*O*	*o*	O	o	*O*	*o*	O	o	*O*	*o*	O	o	*O*	*o*
P	p	*P*	*p*	P	p	*P*	*p*	P	p	*P*	*p*	P	p	*P*	*p*
Q	q	*Q*	*q*	Q	q	*Q*	*q*	Q	q	*Q*	*q*	Q	q	*Q*	*q*
R	r	*R*	*r*	R	r	*R*	*r*	R	r	*R*	*r*	R	r	*R*	*r*
S	sf	*S*	*s f*	S	sf	*S*	*s f*	S	s	*S*	*s f*	S	s	*S*	*s f*
T	t	*T*	*t*	T	t	*T*	*t*	T	t	*T*	*t*	T	t	*T*	*t*
"	u	"	*u*	U	u	*U*	*u*	U	u	*U*	*u*	U	u	*U*	*u*
V	v	*V*	*v*	V	v	*V*	*v*	V	v	*V*	*v v*	V	v	*V*	*v v*
X	x	*X*	*x*	X	x	*X*	*x*	X	x	*X*	*x*	X	x	*X*	*x*
Y	y	*Y*	*y*	Y	y	*Y*	*y*	Y	y	*Y*	*y*	Y	y	*Y*	*y*
Z	z	*Z*	*z*	Z	z	*Z*	*z*	Z	z	*Z*	*z*	Z	z	*Z*	*z*

L'IMPRIMERIE NATIONALE DEPUIS SA FONDATION JUSQU'À NOS JOURS.

JACQUEMIN. 1818 [5].				MARCELLIN LEGRAND. 1825 [6].				MARCELLIN LEGRAND. 1847.				NOTES.
ROMAIN.		ITALIQUE.		ROMAIN.		ITALIQUE.		ROMAIN.		ITALIQUE.		
A	a	*A*	*a*	A	a	*A*	*a*	A	a	*A*	*a*	[1] L'existence de ces types, qu'on désignait sous le nom de *caractères de l'Université*, remonte aux premières années du XVIᵉ siècle. La date que l'on donne ici est celle de l'établissement de l'Imprimerie royale, qui fit usage de ces caractères jusqu'à l'époque où ils purent être remplacés par les types de Louis XIV.
B	b	*B*	*b*	B	b	*B*	*b*	B	b	*B*	*b*	
C	c	*C*	*c*	C	c	*C*	*c*	C	c	*C*	*c*	
D	d	*D*	*d*	D	d	*D*	*d*	D	d	*D*	*d*	
E	e	*E*	*e*	E	e	*E*	*e*	E	e	*E*	*e*	[2] Cette typographie, ordonnée par Louis XIV en 1692, et commencée en 1693, n'a été terminée qu'en 1745, par Luce, qui avait succédé, en 1740, à Alexandre comme graveur du Roi.
F	f	*F*	*f*	F	f	*F*	*f*	F	f	*F*	*f*	
G	g	*G*	*g*	G	g	*G*	*g*	G	g	*G*	*g*	La typographie de Louis XIV se compose de vingt et un corps de caractères romains avec leurs italiques, de vingt corps d'initiales romaines et de vingt corps d'initiales italiques : en tout quatre-vingt-deux corps de caractères.
H	h	*H*	*h*	H	h	*H*	*h*	H	h	*H*	*h*	
I	i	*I*	*i*	I	i	*I*	*i*	I	i	*I*	*i*	
J	j	*J*	*j*	J	j	*J*	*j*	J	j	*J*	*j*	[3] Indépendamment de ses travaux comme graveur du Roi, Luce avait exécuté, de 1740 à 1770, une typographie de forme allongée, dite *poétique*. Cette typographie, destinée primitivement à l'usage des imprimeurs du commerce, et achetée par ordre de Louis XV, pour le service de l'Imprimerie royale, comprend trente corps de caractères, tant romains qu'italiques.
K	k	*K*	*k*	K	k	*K*	*k*	K	k	*K*	*k*	
L	l	*L*	*l*	L	l	*L*	*l*	L	l	*L*	*l*	
M	m	*M*	*m*	M	m	*M*	*m*	M	m	*M*	*m*	
N	n	*N*	*n*	N	n	*N*	*n*	N	n	*N*	*n*	
O	o	*O*	*o*	O	o	*O*	*o*	O	o	*O*	*o*	[4] Les forces de corps des types de Didot avaient pour base le système métrique, qu'on substitua aux points typographiques, ou fractions du pied de roi. Ces types forment vingt-trois corps, soit romains, soit italiques, dont quelques-uns sont restés incomplets ou inachevés.
P	p	*P*	*p*	P	p	*P*	*p*	P	p	*P*	*p*	
Q	q	*Q*	*q*	Q	q	*Q*	*q*	Q	q	*Q*	*q*	
R	r	*R*	*r*	R	r	*R*	*r*	R	r	*R*	*r*	
S	s	*S*	*s*	S	s	*S*	*s*	S	s	*S*	*s*	[5] Ces caractères, gravés sur neuf corps par Jacquemin, ne remplacèrent qu'en partie ceux de Louis XIV, dont il existait encore des fontes en 1836, époque à laquelle ces deux typographies furent remplacées entièrement par les caractères aujourd'hui en usage dans l'établissement.
T	t	*T*	*t*	T	t	*T*	*t*	T	t	*T*	*t*	
U	u	*U*	*u*	U	u	*U*	*u*	U	u	*U*	*u*	
V	v	*V*	*v ʋ*	V	v	*V*	*v*	V	v	*V*	*v*	
X	x	*X*	*x*	X	x	*X*	*x*	X	x	*X*	*x*	[6] Cette dernière typographie, dont la gravure a été terminée en 1832, et la fonte en 1836, se compose de trente-deux corps de caractères, tant romains qu'italiques, auxquels il faut ajouter quatorze corps d'initiales gravées en 1844.
Y	y	*Y*	*y*	Y	y	*Y*	*y*	Y	y	*Y*	*y*	
Z	z	*Z*	*z*	Z	z	*Z*	*z*	Z	z	*Z*	*z*	

CORPS.	COMPARAISON DES CARACTÈRES ROMAINS (BAS DE CASSE).
6 ancienne.	a b c d e f g h i j k l m n o p q r s t u v x y z w æ œ ç fi ffi ff fl ffl
6 nouvelle.	a b c d e f g h i j k l m n o p q r s t u v x y z w æ œ ç fi ffi ff fl ffl
7 ancienne.	a b c d e f g h i j k l m n o p q r s t u v x y z w æ œ ç fi ffi ff fl ffl
7 nouvelle.	a b c d e f g h i j k l m n o p q r s t u v x y z w æ œ ç fi ffi ff fl ffl
8 ancienne.	a b c d e f g h i j k l m n o p q r s t u v x y z w æ œ ç fi ffi ff fl ffl
8 nouvelle.	a b c d e f g h i j k l m n o p q r s t u v x y z w æ œ ç fi ffi ff fl ffl
9 ancienne.	a b c d e f g h i j k l m n o p q r s t u v x y z w æ œ ç fi ffi ff ffl ffl
9 nouvelle.	a b c d e f g h i j k l m n o p q r s t u v x y z w æ œ ç fi ffi ff fl ffl
10 ancienne.	a b c d e f g h i j k l m n o p q r s t u v x y z w æ œ ç fi ffi ff fl ffl
10 nouvelle.	a b c d e f g h i j k l m n o p q r s t u v x y z w æ œ ç fi ffi ff fl ffl
11 ancienne.	a b c d e f g h i j k l m n o p q r s t u v x y z w æ œ ç fi ffi ff fl ffl
11 nouvelle.	a b c d e f g h i j k l m n o p q r s t u v x y z w æ œ ç fi ffi ff fl ffl
12 ancienne.	a b c d e f g h i j k l m n o p q r s t u v x y z w æ œ ç fi ffi ff fl ffl
12 nouvelle.	a b c d e f g h i j k l m n o p q r s t u v x y z w æ œ ç fi ffi ff fl ffl
13 ancienne.	a b c d e f g h i j k l m n o p q r s t u v x y z w æ œ ç fi ffi ff fl ffl
13 nouvelle.	a b c d e f g h i j k l m n o p q r s t u v x y z w æ œ ç fi ffi ff fl ffl
14 ancienne.	a b c d e f g h i j k l m n o p q r s t u v x y z w æ œ ç fi ffi ff fl ffl
14 nouvelle.	a b c d e f g h i j k l m n o p q r s t u v x y z w æ œ ç fi ffi ff fl ffl

CORPS.	COMPARAISON DES CARACTÈRES ROMAINS (PETITES CAPITALES).
6 ancienne.	A B C D E F G H I J K L M N O P Q R S T U V X Y Z W Æ Œ Ç
6 nouvelle.	A B C D E F G H I J K L M N O P Q R S T U V X Y Z W Æ Œ Ç
7 ancienne.	A B C D E F G H I J K L M N O P Q R S T U V X Y Z W Æ Œ Ç
7 nouvelle.	A B C D E F G H I J K L M N O P Q R S T U V X Y Z W Æ Œ Ç
8 ancienne.	A B C D E F G H I J K L M N O P Q R S T U V X Y Z W Æ Œ Ç
8 nouvelle.	A B C D E F G H I J K L M N O P Q R S T U V X Y Z W Æ Œ Ç
9 ancienne.	A B C D E F G H I J K L M N O P Q R S T U V X Y Z W Æ Œ Ç
9 nouvelle.	A B C D E F G H I J K L M N O P Q R S T U V X Y Z W Æ Œ Ç
10 ancienne.	A B C D E F G H I J K L M N O P Q R S T U V X Y Z W Æ Œ Ç
10 nouvelle.	A B C D E F G H I J K L M N O P Q R S T U V X Y Z W Æ Œ Ç
11 ancienne.	A B C D E F G H I J K L M N O P Q R S T U V X Y Z W Æ Œ Ç
11 nouvelle.	A B C D E F G H I J K L M N O P Q R S T U V X Y Z W Æ Œ Ç
12 ancienne.	A B C D E F G H I J K L M N O P Q R S T U V X Y Z W Æ Œ Ç
12 nouvelle.	A B C D E F G H I J K L M N O P Q R S T U V X Y Z W Æ Œ Ç
13 ancienne.	A B C D E F G H I J K L M N O P Q R S T U V X Y Z W Æ Œ Ç
13 nouvelle.	A B C D E F G H I J K L M N O P Q R S T U V X Y Z W Æ Œ Ç
14 ancienne.	A B C D E F G H I J K L M N O P Q R S T U V X Y Z W Æ Œ Ç
14 nouvelle.	A B C D E F G H I J K L M N O P Q R S T U V X Y Z W Æ Œ Ç

CORPS.	COMPARAISON DES CARACTÈRES ROMAINS (GRANDES CAPITALES).
6 ancienne.	A B C D E F G H I J K L M N O P Q R S T U V X Y Z W Æ Œ Ç
6 nouvelle.	A B C D E F G H I J K L M N O P Q R S T U V X Y Z W Æ Œ Ç
7 ancienne.	A B C D E F G H I J K L M N O P Q R S T U V X Y Z W Æ Œ Ç
7 nouvelle.	A B C D E F G H I J K L M N O P Q R S T U V X Y Z W Æ Œ Ç
8 ancienne.	A B C D E F G H I J K L M N O P Q R S T U V X Y Z W Æ Œ Ç
8 nouvelle.	A B C D E F G H I J K L M N O P Q R S T U V X Y Z W Æ Œ Ç
9 ancienne.	A B C D E F G H I J K L M N O P Q R S T U V X Y Z W Æ Œ Ç
9 nouvelle.	A B C D E F G H I J K L M N O P Q R S T U V X Y Z W Æ Œ Ç
10 ancienne.	A B C D E F G H I J K L M N O P Q R S T U V X Y Z W Æ Œ Ç
10 nouvelle.	A B C D E F G H I J K L M N O P Q R S T U V X Y Z W Æ Œ Ç
11 ancienne.	A B C D E F G H I J K L M N O P Q R S T U V X Y Z W Æ Œ Ç
11 nouvelle.	A B C D E F G H I J K L M N O P Q R S T U V X Y Z W Æ Œ Ç
12 ancienne.	A B C D E F G H I J K L M N O P Q R S T U V X Y Z W Æ Œ Ç
12 nouvelle.	A B C D E F G H I J K L M N O P Q R S T U V X Y Z W Æ Œ Ç
13 ancienne.	A B C D E F G H I J K L M N O P Q R S T U V X Y Z W Æ Œ Ç
13 nouvelle.	A B C D E F G H I J K L M N O P Q R S T U V X Y Z W Æ Œ Ç
14 ancienne.	A B C D E F G H I J K L M N O P Q R S T U V X Y Z W Æ Œ Ç
14 nouvelle.	A B C D E F G H I J K L M N O P Q R S T U V X Y Z W Æ Œ Ç

CORPS.	SIGNES DE PONCTUATION ET SIGNES DIVERS (ROMAIN).	PETITS CHIFFRES ROMAINS.	GROS CHIFFRES ROMAINS.
6 ancienne.	. , ; : ? ! ([« ' §	1 2 3 4 5 6 7 8 9 0	1 2 3 4 5 6 7 8 9 0
6 nouvelle.	. , ; : ? ! ([« » * §	1 2 3 4 5 6 7 8 9 0	1 2 3 4 5 6 7 8 9 0
7 ancienne.	. , ; : ? ! ([« * §	1 2 3 4 5 6 7 8 9 0	1 2 3 4 5 6 7 8 9 0
7 nouvelle.	. , ; : ? ! ([« » * §	1 2 3 4 5 6 7 8 9 0	1 2 3 4 5 6 7 8 9 0
8 ancienne.	. , ; : ? ! ([« * §	1 2 3 4 5 6 7 8 9 0	1 2 3 4 5 6 7 8 9 0
8 nouvelle.	. , ; : ? ! ([« » * §	1 2 3 4 5 6 7 8 9 0	1 2 3 4 5 6 7 8 9 0
9 ancienne.	. , ; : ? ! ([« * §	1 2 3 4 5 6 7 8 9 0	1 2 3 4 5 6 7 8 9 0
9 nouvelle.	. , ; : ? ! ([« » * §	1 2 3 4 5 6 7 8 9 0	1 2 3 4 5 6 7 8 9 0
10 ancienne.	. , ; : ? ! ([« * §	1 2 3 4 5 6 7 8 9 0	1 2 3 4 5 6 7 8 9 0
10 nouvelle.	. , ; : ? ! ([« » * §	1 2 3 4 5 6 7 8 9 0	1 2 3 4 5 6 7 8 9 0
11 ancienne.	. , ; : ? ! ([« * §	1 2 3 4 5 6 7 8 9 0	1 2 3 4 5 6 7 8 9 0
11 nouvelle.	. , ; : ? ! ([« » * §	1 2 3 4 5 6 7 8 9 0	1 2 3 4 5 6 7 8 9 0
12 ancienne.	. , ; : ? ! ([« * §	1 2 3 4 5 6 7 8 9 0	1 2 3 4 5 6 7 8 9 0
12 nouvelle.	. , ; : ? ! ([« » * §	1 2 3 4 5 6 7 8 9 0	1 2 3 4 5 6 7 8 9 0
13 ancienne.	. , ; : ? ! ([« * §	1 2 3 4 5 6 7 8 9 0	1 2 3 4 5 6 7 8 9 0
13 nouvelle.	. , ; : ? ! ([« » * §	1 2 3 4 5 6 7 8 9 0	1 2 3 4 5 6 7 8 9 0
14 ancienne.	. , ; : ? ! ([« * §	1 2 3 4 5 6 7 8 9 0	1 2 3 4 5 6 7 8 9 0
14 nouvelle.	. , ; : ? ! ([« » * §	1 2 3 4 5 6 7 8 9 0	1 2 3 4 5 6 7 8 9 0

CORPS.	COMPARAISON DES CARACTÈRES ITALIQUES (BAS DE CASSE).
6 ancienne.	a b c d e f g h i j k l m n o p q r s t u v x y z w œ æ ç fi ffi ff fl ffl
6 nouvelle.	a b c d e f g h i j k l m n o p q r s t u v x y z w œ æ ç fi ffi ff fl ffl
7 ancienne.	a b c d e f g h i j k l m n o p q r s t u v x y z w œ æ ç fi ffi ff fl ffl
7 nouvelle.	a b c d e f g h i j k l m n o p q r s t u v x y z w œ æ ç fi ffi ff fl ffl
8 ancienne.	a b c d e f g h i j k l m n o p q r s t u v x y z w œ æ ç fi ffi ff fl ffl
8 nouvelle.	a b c d e f g h i j k l m n o p q r s t u v x y z w œ æ ç fi ffi ff fl ffl
9 ancienne.	a b c d e f g h i j k l m n o p q r s t u v x y z w œ æ ç fi ffi ff fl ffl
9 nouvelle.	a b c d e f g h i j k l m n o p q r s t u v x y z w œ æ ç fi ffi ff fl ffl
10 ancienne.	a b c d e f g h i j k l m n o p q r s t u v x y z w œ æ ç fi ffi ff fl ffl
10 nouvelle.	a b c d e f g h i j k l m n o p q r s t u v x y z w œ æ ç fi ffi ff fl ffl
11 ancienne.	a b c d e f g h i j k l m n o p q r s t u v x y z w œ æ ç fi ffi ff fl ffl
11 nouvelle.	a b c d e f g h i j k l m n o p q r s t u v x y z w œ æ ç fi ffi ff fl ffl
12 ancienne.	a b c d e f g h i j k l m n o p q r s t u v x y z w œ æ ç fi ffi ff fl ffl
12 nouvelle.	a b c d e f g h i j k l m n o p q r s t u v x y z w œ æ ç fi ffi ff fl ffl
13 ancienne.	a b c d e f g h i j k l m n o p q r s t u v x y z w œ æ ç fi ffi ff fl ffl
13 nouvelle.	a b c d e f g h i j k l m n o p q r s t u v x y z w œ æ ç fi ffi ff fl ffl
14 ancienne.	a b c d e f g h i j k l m n o p q r s t u v x y z w œ æ ç fi ffi ff fl ffl
14 nouvelle.	a b c d e f g h i j k l m n o p q r s t u v x y z w œ æ ç fi ffi ff fl ffl

CORPS.	COMPARAISON DES CARACTÈRES ITALIQUES (PETITES CAPITALES).
6 ancienne.	A B C D E F G H I J K L M N O P Q R S T U V X Y Z W Æ Œ Ç
6 nouvelle.	A B C D E F G H I J K L M N O P Q R S T U V X Y Z W Æ Œ Ç
7 ancienne.	A B C D E F G H I J K L M N O P Q R S T U V X Y Z W Æ Œ Ç
7 nouvelle.	A B C D E F G H I J K L M N O P Q R S T U V X Y Z W Æ Œ Ç
8 ancienne.	A B C D E F G H I J K L M N O P Q R S T U V X Y Z W Æ Œ Ç
8 nouvelle.	A B C D E F G H I J K L M N O P Q R S T U V X Y Z W Æ Œ Ç
9 ancienne.	A B C D E F G H I J K L M N O P Q R S T U V X Y Z W Æ Œ Ç
9 nouvelle.	A B C D E F G H I J K L M N O P Q R S T U V X Y Z W Æ Œ Ç
10 ancienne.	A B C D E F G H I J K L M N O P Q R S T U V X Y Z W Æ Œ Ç
10 nouvelle.	A B C D E F G H I J K L M N O P Q R S T U V X Y Z W Æ Œ Ç
11 ancienne.	A B C D E F G H I J K L M N O P Q R S T U V X Y Z W Æ Œ Ç
11 nouvelle.	A B C D E F G H I J K L M N O P Q R S T U V X Y Z W Æ Œ Ç
12 ancienne.	A B C D E F G H I J K L M N O P Q R S T U V X Y Z W Æ Œ Ç
12 nouvelle.	A B C D E F G H I J K L M N O P Q R S T U V X Y Z W Æ Œ Ç
13 ancienne.	A B C D E F G H I J K L M N O P Q R S T U V X Y Z W Æ Œ Ç
13 nouvelle.	A B C D E F G H I J K L M N O P Q R S T U V X Y Z W Æ Œ Ç
14 ancienne.	A B C D E F G H I J K L M N O P Q R S T U V X Y Z W Æ Œ Ç
14 nouvelle.	A B C D E F G H I J K L M N O P Q R S T U V X Y Z W Æ Œ Ç

CORPS.	COMPARAISON DES CARACTÈRES ITALIQUES (GRANDES CAPITALES).
6 ancienne.	*A B C D E F G H I J K L M N O P Q R S T U V X Y Z W Æ Œ Ç*
6 nouvelle.	*A B C D E F G H I J K L M N O P Q R S T U V X Y Z W Æ Œ Ç*
7 ancienne.	*A B C D E F G H I J K L M N O P Q R S T U V X Y Z W Æ Œ Ç*
7 nouvelle.	*A B C D E F G H I J K L M N O P Q R S T U V X Y Z W Æ Œ Ç*
8 ancienne.	*A B C D E F G H I J K L M N O P Q R S T U V X Y Z W Æ Œ Ç*
8 nouvelle.	*A B C D E F G H I J K L M N O P Q R S T U V X Y Z W Æ Œ Ç*
9 ancienne.	*A B C D E F G H I J K L M N O P Q R S T U V X Y Z W Æ Œ Ç*
9 nouvelle.	*A B C D E F G H I J K L M N O P Q R S T U V X Y Z W Æ Œ Ç*
10 ancienne.	*A B C D E F G H I J K L M N O P Q R S T U V X Y Z W Æ Œ Ç*
10 nouvelle.	*A B C D E F G H I J K L M N O P Q R S T U V X Y Z W Æ Œ Ç*
11 ancienne.	*A B C D E F G H I J K L M N O P Q R S T U V X Y Z W Æ Œ Ç*
11 nouvelle.	*A B C D E F G H I J K L M N O P Q R S T U V X Y Z W Æ Œ Ç*
12 ancienne.	*A B C D E F G H I J K L M N O P Q R S T U V X Y Z W Æ Œ Ç*
12 nouvelle.	*A B C D E F G H I J K L M N O P Q R S T U V X Y Z W Æ Œ Ç*
13 ancienne.	*A B C D E F G H I J K L M N O P Q R S T U V X Y Z W Æ Œ Ç*
13 nouvelle.	*A B C D E F G H I J K L M N O P Q R S T U V X Y Z W Æ Œ Ç*
14 ancienne.	*A B C D E F G H I J K L M N O P Q R S T U V X Y Z W Æ Œ Ç*
14 nouvelle.	*A B C D E F G H I J K L M N O P Q R S T U V X Y Z W Æ Œ Ç*

CORPS.	SIGNES DE PONCTUATION ET SIGNES DIVERS (ITALIQUE).	PETITS CHIFFRES ITALIQUES.	GROS CHIFFRES ITALIQUES.
6 ancienne.	. , ; : ? ! (		1 2 3 4 5 6 7 8 9 0
6 nouvelle.	. , ; : ? ! ([§	1 2 3 4 5 6 7 8 9 0	1 2 3 4 5 6 7 8 9 0
7 ancienne.	. , ; : ? ! (		1 2 3 4 5 6 7 8 9 0
7 nouvelle.	. , ; : ? ! ([§	1 2 3 4 5 6 7 8 9 0	1 2 3 4 5 6 7 8 9 0
8 ancienne.	. , ; : ? ! (		1 2 3 4 5 6 7 8 9 0
8 nouvelle.	. , ; : ? ! ([§	1 2 3 4 5 6 7 8 9 0	1 2 3 4 5 6 7 8 9 0
9 ancienne.	. , ; : ? ! (		1 2 3 4 5 6 7 8 9 0
9 nouvelle.	. , ; : ? ! ([§	1 2 3 4 5 6 7 8 9 0	1 2 3 4 5 6 7 8 9 0
10 ancienne.	. , ; : ? ! (		1 2 3 4 5 6 7 8 9 0
10 nouvelle.	. , ; : ? ! ([§	1 2 3 4 5 6 7 8 9 0	1 2 3 4 5 6 7 8 9 0
11 ancienne.	. , ; : ? ! (		1 2 3 4 5 6 7 8 9 0
11 nouvelle.	. , ; : ? ! ([§	1 2 3 4 5 6 7 8 9 0	1 2 3 4 5 6 7 8 9 0
12 ancienne.	. , ; : ? ! (		1 2 3 4 5 6 7 8 9 0
12 nouvelle.	. , ; : ? ! ([§	1 2 3 4 5 6 7 8 9 0	1 2 3 4 5 6 7 8 9 0
13 ancienne.	. , ; : ? ! (		1 2 3 4 5 6 7 8 9 0
13 nouvelle.	. , ; : ? ! ([§	1 2 3 4 5 6 7 8 9 0	1 2 3 4 5 6 7 8 9 0
14 ancienne.	. , ; : ? ! (		1 2 3 4 5 6 7 8 9 0
14 nouvelle.	. , ; : ? ! ([§	1 2 3 4 5 6 7 8 9 0	1 2 3 4 5 6 7 8 9 0

TABLEAU INDIQUANT LE NOMBRE DE LIGNES [1]
QUE CONTIENNENT LES CORPS 8 à 13 NON INTERLIGNÉS.

HAUTEUR.	CORPS						HAUTEUR.	CORPS					
	8	9	10	11	12	13		8	9	10	11	12	13
16	2	2	2	1	1	1	280	35	31	28	25	23	21
24	3	3	2	2	2	2	288	36	32	29	26	24	22
32	4	4	3	3	3	2	296	37	33	30	27	25	23
40	5	4	4	4	3	3	304	38	34	30	28	25	23
48	6	5	5	4	4	4	312	39	35	31	28	26	24
56	7	6	6	5	5	4	320	40	36	32	29	27	25
64	8	7	6	6	5	5	328	41	36	33	30	27	25
72	9	8	7	6	6	5	336	42	37	34	30	28	26
80	10	9	8	7	7	6	344	43	38	34	31	29	26
88	11	10	9	8	7	7	352	44	39	35	32	29	27
96	12	11	10	9	8	7	360	45	40	36	33	30	28
104	13	12	10	9	9	8	368	46	41	37	33	31	28
112	14	12	11	10	9	8	376	47	42	38	34	31	29
120	15	13	12	11	10	9	384	48	43	38	35	32	30
128	16	14	13	12	11	10	392	49	44	39	36	33	30
136	17	15	14	12	11	10	400	50	44	40	36	33	31
144	18	16	14	13	12	11	408	51	45	41	37	34	31
152	19	17	15	14	13	12	416	52	46	42	38	35	32
160	20	18	16	14	13	12	424	53	47	42	38	35	33
168	21	19	17	15	14	13	432	54	48	43	39	36	33
176	22	20	18	16	15	13	440	55	49	44	40	37	34
184	23	20	18	17	15	14	448	56	50	45	41	37	34
192	24	21	19	17	16	15	456	57	51	46	41	38	35
200	25	22	20	18	17	15	464	58	52	46	42	39	36
208	26	23	21	19	17	16	472	59	52	47	43	39	36
216	27	24	22	20	18	16	480	60	53	48	44	40	37
224	28	25	22	20	19	17	488	61	54	49	44	41	37
232	29	26	23	21	19	18	496	62	55	50	45	41	38
240	30	27	24	22	20	18	504	63	56	50	46	42	39
248	31	28	25	22	21	19	512	64	57	51	46	43	39
256	32	28	26	23	21	20	520	65	58	52	47	43	40
264	33	29	26	24	22	20	528	66	59	53	48	44	41
272	34	30	27	25	23	21	536	67	60	54	49	45	41

[1] La hauteur des pages doit toujours être sur une justification exacte; mais le nombre de lignes pouvant varier de quelques points suivant les corps, il faut prendre ou ajouter la différence dans la ligne de pied; de là un rapport conventionnel qui a servi à établir ce tableau de concordance et celui de la page suivante.

TABLEAU INDIQUANT LE NOMBRE DE LIGNES
QUE CONTIENNENT LES CORPS 8 à 13 INTERLIGNÉS À 2 POINTS.

HAUTEUR.	CORPS						HAUTEUR.	CORPS					
	8	9	10	11	12	13		8	9	10	11	12	13
16	2	1	1	1	1	1	320	32	29	27	25	23	21
24	2	2	2	2	2	1	328	33	30	27	25	23	22
32	3	3	3	2	2	2	336	34	30	28	26	24	22
40	4	4	3	3	3	3	344	34	31	29	26	24	23
48	5	4	4	4	3	3	352	35	32	29	27	25	23
56	6	5	5	4	4	4	360	36	33	30	28	26	24
64	6	6	5	5	4	4	368	37	33	31	28	26	24
72	7	6	6	5	5	5	376	38	34	31	29	27	25
80	8	7	7	6	6	5	384	38	35	32	30	27	26
88	9	8	7	7	6	6	392	39	36	33	30	28	26
96	10	9	8	7	7	6	400	40	36	33	31	29	27
104	10	9	9	8	7	7	408	41	37	34	31	29	27
112	11	10	9	8	8	7	416	42	38	35	32	30	28
120	12	11	10	9	8	8	424	42	38	35	33	30	28
128	13	12	11	10	9	8	432	43	39	36	33	31	29
136	14	12	11	10	9	9	440	44	40	37	34	31	29
144	14	13	12	11	10	9	448	45	41	37	34	32	30
152	15	14	13	12	11	10	456	46	41	38	35	33	30
160	16	14	13	12	11	10	464	46	42	39	36	33	31
168	17	15	14	13	12	11	472	47	43	39	36	34	31
176	18	16	15	13	12	12	480	48	44	40	37	34	32
184	18	17	15	14	13	12	488	49	44	41	37	35	32
192	19	17	16	15	14	13	496	50	45	41	38	35	33
200	20	18	17	15	14	13	504	50	46	42	39	36	34
208	21	19	17	16	15	14	512	51	46	43	39	37	34
216	22	20	18	16	15	14	520	52	47	43	40	37	35
224	22	20	19	17	16	15	528	53	48	44	41	38	35
232	23	21	19	18	16	15	536	54	49	45	41	38	36
240	24	22	20	18	17	16	544	54	49	45	42	39	36
248	25	22	21	19	18	16	552	55	50	46	42	39	37
256	26	23	21	20	18	17	560	56	51	47	43	40	37
264	26	24	22	20	19	18	568	57	52	47	44	41	38
272	27	25	23	21	19	18	576	58	52	48	44	41	38
280	28	25	23	21	20	19	584	58	53	49	45	42	39
288	29	26	24	22	20	19	592	59	54	49	46	42	39
296	30	27	25	23	21	20	600	60	54	50	46	43	40
304	30	28	25	23	22	20	608	61	55	51	47	43	41
312	31	28	26	24	22	21	616	62	56	51	47	44	41

CHIFFRES SUPÉRIEURS.

CORPS.	CRANS.	CHIFFRES.
Six..........	2 crans bas..............	1 2 3 4 5 6 7 8 9 0
Sept.........	1 cran bas..............	1 2 3 4 5 6 7 8 9 0
Huit.........	1 cran haut, 1 cran bas.....	1 2 3 4 5 6 7 8 9 0
Neuf.........	2 crans bas..............	1 2 3 4 5 6 7 8 9 0
Dix..........	1 cran haut, 1 cran bas.....	1 2 3 4 5 6 7 8 9 0
Onze.........	2 crans bas..............	1 2 3 4 5 6 7 8 9 0
Douze........	1 cran haut, 1 cran bas.....	1 2 3 4 5 6 7 8 9 0
Treize........	2 crans bas..............	1 2 3 4 5 6 7 8 9 0
Quatorze.......	1 cran haut, 1 cran bas.....	1 2 3 4 5 6 7 8 9 0
Seize........	2 crans bas..............	1 2 3 4 5 6 7 8 9 0

CHIFFRES DE FRACTIONS.

CORPS.	CRANS.	CHIFFRES.
Trois (sur cadratin)......	1 cran bas................	1 2 3 4 5 6 7 8 9 0
Quatre (sur demi-cadratin).	2 crans bas................	1 2 3 4 5 6 7 8 9 0
Quatre (sur cadratin).....	1 cran bas................	1 2 3 4 5 6 7 8 9 0
Quatre et demi (sur 4)....	1 cran bas................	1 2 3 4 5 6 7 8 9 0
Cinq (sur 4)..........	1 cran bas, 2 crans hauts derrière	1 2 3 4 5 6 7 8 9 0
Cinq (sur demi-cadratin)..	1 cran bas................	1 2 3 4 5 6 7 8 9 0
Cinq (sur cadratin)......	1 cran bas................	1 2 3 4 5 6 7 8 9 0
Six (sur cadratin).......	1 cran bas................	1 2 3 4 5 6 7 8 9 0
Sept (sur 5)..........	1 cran bas................	1 2 3 4 5 6 7 8 9 0

SIGNES EMPLOYÉS DANS LA COMPOSITION.

SIGNES ALGÉBRIQUES.

+ Plus.
— Moins.
= Égalité.
± Plus moins.
× Multiplié par.
> Plus grand que.
< Plus petit que.
: Est à.

:: Comme.
÷ Progression arithmétique.
÷÷ Progression géométrique.
≡ Congruence.
√ Racine ou radical.
∞ Infini.
ℰ Extraction du résidu.
∫ Intégrale ou somme.

FIGURES GÉOMÉTRIQUES.

‖ Parallèle.
⊥ Égalité.
⊥ Perpendiculaire.
< Angle.
△ Triangle.
▭ Rectangle.
∟ Angle droit.
⊻ Angles égaux.

▽ Angle des courbes.
□ Carré.
○ Cercle.
◇ Losange.
° Degré.
′ Minute.
″ Seconde.
‴ Tierce.

SIGNES DU ZODIAQUE.

♈ Le Bélier.
♉ Le Taureau.
♊ Les Gémeaux.
♋ L'Écrevisse.
♌ Le Lion.
♍ La Vierge.

♎ La Balance.
♏ Le Scorpion.
♐ Le Sagittaire.
♑ Le Capricorne.
♒ Le Verseau.
♓ Les Poissons.

SYSTÈME PLANÉTAIRE.

☉ Le Soleil.
☿ Mercure.
♀ Vénus.
♁ La Terre.
♂ Mars.
⚵ Junon.
⚳ Cérès.

⚶ Vesta.
⚴ Pallas.
♃ Jupiter.
♄ Saturne.
♅ Uranus ou Herschel.
♆ Neptune.
☾ La Lune.

PHASES DE LA LUNE.

●	Nouvelle lune.	☉	Pleine lune.
☽	Premier quartier.	☾	Dernier quartier.

ASPECTS.

☌	Conjonction.	☍	Opposition.
□	Quadrature.	☊	Nœud ascendant.
△	Trine.	☋	Nœud descendant.

ORDRES FRANÇAIS.

✩	Légion d'honneur (Chevalier).		(A.)	Officier d'académie.
✩ (O.)	—	(Officier).	(I.)	Officier de l'instruction publique.
✩ (C.)	—	(Commandeur):	✳	Mérite agricole (Chevalier).
✩ (G. O.)	—	(Grand officier).	✳ (O.)	— (Officier).
✩ (G. C.)	—	(Grand-croix).		Médaille militaire.

LETTRES ET SIGNES DIVERS [1].

«	Guillemet.	$	Dollar.
(	Parenthèse.	☞	Index.
[	Crochet.	}	Accolade.
§	Paragraphe.	⊠	Bureau de poste.
*	Astérisque.		Poste aux chevaux.
″	Nullité.		Chemin de fer.
℞	Répons.	TE	Bureau télégraphique.
† ‡	Croix.	Sᶜᵐ	Station de chemin de fer.
ā ē ī ū	Lettres longues.	PF	Chef-lieu de préfecture.
ă ĕ ĭ ŏ ŭ	Lettres brèves.	SP	Chef-lieu de sous-préfecture.
ã õ m̃ ñ	Lettres tildes.	CT	Chef-lieu de canton.
♯	Livre tournois.	C	Bureau composé.
S	Sou.	P	Pavillon.
£	Livre sterling.	L	Local.

---

[1] Le *Catalogue des signes divers* et le *Catalogue des lettres accentuées et pointées*, que l'on peut consulter à l'atelier oriental, contiennent les lettres et signes divers qui n'ont pu trouver place ici.

CHAPITRE III.

FAUX TITRES ET FRONTISPICES. — TITRES. — SOMMAIRES.
FOLIOS ET TITRES COURANTS. — SIGNATURES.

FAUX TITRES ET FRONTISPICES.

On ne saurait donner des indications précises sur la disposition des titres; le nombre des lignes peut varier à l'infini; aussi leur arrangement judicieux demande-t-il surtout beaucoup de goût.

Avant de composer un titre, on doit bien se pénétrer de l'importance des lignes qui le composent, afin de donner à chacune d'elles le *caractère* qui lui convient, relativement au format.

En règle générale, les lignes d'un titre doivent différer comme œil et comme largeur, et occuper rigoureusement le milieu de la justification.

Les blancs à mettre entre les lignes d'un titre seront subordonnés à leur nombre; on aura soin de séparer par un blanc un peu plus fort les différentes parties dont se compose un titre, c'est-à-dire la dénomination de l'ouvrage, le nom de l'auteur, la tomaison, etc.

On doit s'abstenir :

1° De commencer un titre par une ligne pleine ou par une ligne qui constituerait le plus gros caractère de la page, à moins d'impossibilité absolue, comme dans l'exemple ci-dessous :

L'AGRICULTURE,

LES PRAIRIES ET LES IRRIGATIONS

DE LA HAUTE-VIENNE.

3

ou bien comme dans les exemples suivants :

PORTS MARITIMES
DE LA FRANCE.

PROCÉDURES POLITIQUES
DU RÈGNE DE LOUIS XII.

2° D'employer le même caractère pour deux ou plusieurs lignes consécutives, à l'exception des sommaires à lignes pleines ou inégales (voir page 35), ou lorsqu'on doit énoncer les qualités d'un auteur et que ces qualités forment plusieurs lignes (voir page 41) ;

3° De donner à plusieurs lignes consécutives la forme d'un cône tronqué :

PROJETS PRÉPARÉS
PAR L'ADMINISTRATION FRANÇAISE
AVEC LE CONCOURS DU BUREAU INTERNATIONAL.

titre qu'on peut disposer ainsi :

PROJETS
PRÉPARÉS
PAR L'ADMINISTRATION FRANÇAISE
AVEC LE CONCOURS DU BUREAU INTERNATIONAL.

www.ingramcontent.com/pod-product-compliance
Lightning Source LLC
LaVergne TN
LVHW022152080426
835511LV00008B/1363